Europäisches Parlament, Rat der Europäischen Union

Richtlinie 2013/50/EU des Europäischen Parlaments und des Rates vom 22. Oktober 2013

zur Änderung der Richtlinie 2004/109/EG des Europäischen Parlaments und des Rates zur Harmonisierung der Transparenzanforderungen in Bezug auf Informationen über Emittenten [...]

AP

Antiphon Verlag

Europäisches Parlament, Rat der Europäischen Union

Richtlinie 2013/50/EU des Europäischen Parlaments und des Rates vom 22. Oktober 2013

zur Änderung der Richtlinie 2004/109/EG des Europäischen Parlaments und des Rates zur Harmonisierung der Transparenzanforderungen in Bezug auf Informationen über Emittenten [...]

1. Auflage 2026 | ISBN: 978-3-38798-715-7

Antiphon Verlag ist ein Imprint der Antiquum Novum Verlag.

Verlag: Antiquum Novum Verlag UG (haftungsbeschränkt), Im Erlengrund 6a, 35510 Butzbach, Deutschland, info@antiquum-novum.de
Vertretungsberechtigt: E. Roepke, Zeilweg 44, 60439 Frankfurt, Deutschland
Druck: Libri Plureos GmbH, Friedensallee 273, 22763 Hamburg, Deutschland

RICHTLINIE 2013/50/EU DES EUROPÄISCHEN PARLAMENTS UND DES RATES

vom 22. Oktober 2013

zur Änderung der Richtlinie 2004/109/EG des Europäischen Parlaments und des Rates zur Harmonisierung der Transparenzanforderungen in Bezug auf Informationen über Emittenten, deren Wertpapiere zum Handel auf einem geregelten Markt zugelassen sind, der Richtlinie 2003/71/EG des Europäischen Parlaments und des Rates betreffend den Prospekt, der beim öffentlichen Angebot von Wertpapieren oder bei deren Zulassung zum Handel zu veröffentlichen ist, sowie der Richtlinie 2007/14/EG der Kommission mit Durchführungsbestimmungen zu bestimmten Vorschriften der Richtlinie 2004/109/EG

(Text von Bedeutung für den EWR)

DAS EUROPÄISCHE PARLAMENT UND DER RAT DER EUROPÄISCHEN UNION —

gestützt auf den Vertrag über die Arbeitsweise der Europäischen Union, insbesondere auf die Artikel 50 und 114,

auf Vorschlag der Europäischen Kommission,

nach Zuleitung des Entwurfs des Gesetzgebungsakts an die nationalen Parlamente,

nach Stellungnahme der Europäischen Zentralbank ([1]),

nach Stellungnahme des Europäischen Wirtschafts- und Sozialausschusses ([2]),

gemäß dem ordentlichen Gesetzgebungsverfahren ([3]),

in Erwägung nachstehender Gründe:

(1) Nach Artikel 33 der Richtlinie 2004/109/EG des Europäischen Parlaments und des Rates ([4]) hatte die Kommission dem Europäischen Parlament und dem Rat über die Anwendung jener Richtlinie Bericht zu erstatten, u. a. auch über die Zweckmäßigkeit einer Beendigung der Befreiung bestehender Schuldtitel nach Ablauf der zehnjährigen Übergangsfrist gemäß Artikel 30 Absatz 4 jener Richtlinie sowie über die möglichen Auswirkungen der Anwendung jener Richtlinie auf die europäischen Finanzmärkte.

(2) Am 27. Mai 2010 hat die Kommission einen Bericht über die Anwendung der Richtlinie 2004/109/EG vorgelegt, worin Bereiche ermittelt wurden, in denen die durch jene Richtlinie geschaffene Regelung verbessert werden könnte. Insbesondere wird in dem Bericht die Notwendigkeit aufgezeigt, die Verpflichtungen bestimmter Emittenten zu vereinfachen, um geregelte Märkte für kleine und mittlere Emittenten, die in Europa Kapital aufnehmen, attraktiver zu machen. Zusätzlich muss die Wirksamkeit der bestehenden Transparenzregelung verbessert werden, insbesondere in Bezug auf die Offenlegung von Unternehmensbeteiligungen.

(3) Daneben hat die Kommission in ihrer Mitteilung vom 13. April 2011 mit dem Titel „Binnenmarktakte — Zwölf Hebel zur Förderung von Wachstum und Vertrauen — Gemeinsam für neues Wachstum" auf die Notwendigkeit hingewiesen, die Richtlinie 2004/109/EG zu überarbeiten, um die Verhältnismäßigkeit der für börsennotierte kleine und mittlere Unternehmen geltenden Verpflichtungen unter Wahrung des gleichen Anlegerschutzniveaus zu verbessern.

(4) Dem Bericht und der Mitteilung der Kommission zufolge sollte der Verwaltungsaufwand im Zusammenhang mit den Verpflichtungen, die mit der Zulassung zum Handel an einem geregelten Markt verbunden sind, für kleine und mittlere Emittenten verringert werden, um deren Zugang zu Kapital zu verbessern. Die Verpflichtungen zur Veröffentlichung von Zwischenmitteilungen der Geschäftsleitung oder Quartalsfinanzberichten sind eine große Bürde für viele kleine und mittlere Emittenten, deren Wertpapiere zum Handel an geregelten Märkten zugelassen sind, ohne für den Anlegerschutz notwendig zu sein. Außerdem setzen diese Verpflichtungen Anreize zugunsten kurzfristiger Ergebnisse und zuungunsten langfristiger Investitionen. Für die Förderung nachhaltiger Wertschöpfung und langfristig orientierter Investitionsstrategien ist es entscheidend, den kurzfristigen Druck auf Emittenten zu verringern und den Anlegern einen Anreiz für eine längerfristige Sichtweise zu geben. Die Verpflichtung zur Vorlage von Zwischenmitteilungen der Geschäftsleitung sollte daher abgeschafft werden.

(5) Den Mitgliedstaaten sollte nicht erlaubt sein, in ihren nationalen Rechtsvorschriften die Veröffentlichung von häufigeren regelmäßigen Finanzinformationen als Jahresfinanzberichten und Halbjahresfinanzberichten vorzuschreiben. Die Mitgliedstaaten sollten jedoch in der Lage sein, die Emittenten dazu zu verpflichten, zusätzlich regelmäßige Finanzinformationen zu veröffentlichen, wenn diese Verpflichtung keine erhebliche finanzielle Belastung darstellt und die verlangten zusätzlichen Informationen in einem angemessenen Verhältnis zu den Faktoren stehen, die zu Anlageentscheidungen beitragen. Diese Richtlinie lässt alle zusätzlichen Informationen, die aufgrund sektoraler Rechtsvorschriften der Union verlangt werden, unberührt, und die Mitgliedstaaten können insbesondere die Veröffentlichung zusätzlicher regelmäßiger Finanzinformationen durch die Finanzinstitute vorschreiben. Außerdem kann der Betreiber eines geregelten Marktes von Emittenten, deren Wertpapiere zum Handel

([1]) ABl. C 93 vom 30.3.2012, S. 2.
([2]) ABl. C 143 vom 22.5.2012, S. 78.
([3]) Standpunkt des Europäischen Parlaments vom 12. Juni 2013 (noch nicht im Amtsblatt veröffentlicht) und Beschluss des Rates vom 17. Oktober 2013.
([4]) ABl. L 390 vom 31.12.2004, S. 38.

an diesem Markt zugelassen sind, verlangen, dass sie in einigen oder allen Segmenten dieses Markts zusätzliche regelmäßige Finanzinformationen veröffentlichen.

(6) Um für mehr Flexibilität zu sorgen und dadurch den Verwaltungsaufwand zu verringern, sollte die Frist für die Veröffentlichung von Halbjahresfinanzberichten auf drei Monate nach Ende des Berichtszeitraums verlängert werden. Da der den Emittenten für die Veröffentlichung ihrer Halbjahresfinanzberichte zur Verfügung stehende Zeitraum verlängert wird, werden die Berichte der kleinen und mittleren Emittenten voraussichtlich mehr Aufmerksamkeit bei den Marktteilnehmern finden, so dass diese Emittenten stärker ins Blickfeld rücken.

(7) Im Interesse größerer Transparenz in Bezug auf Zahlungen an staatliche Stellen sollten Emittenten, deren Wertpapiere zum Handel an einem geregelten Markt zugelassen sind und die in der mineralgewinnenden Industrie oder der Industrie des Holzeinschlags in Primärwäldern tätig sind, in einem gesonderten Bericht jährlich die in den Ländern ihrer Geschäftstätigkeit an staatliche Stellen geleisteten Zahlungen offenlegen. In dem Bericht sollten Zahlungen aufgeführt werden, die mit denen vergleichbar sind, die im Rahmen der Initiative für Transparenz in der Rohstoffwirtschaft (EITI) offengelegt werden. Die Offenlegung von Zahlungen an staatliche Stellen sollte der Zivilgesellschaft und den Anlegern Informationen verfügbar machen, anhand derer die staatlichen Stellen ressourcenreicher Länder für ihre Einnahmen aus der Ausbeutung von Naturressourcen zur Rechenschaft gezogen werden könnten. Daneben ergänzt die Initiative den EU-Aktionsplan für Rechtsdurchsetzung, Politikgestaltung und Handel im Forstsektor (FLEGT-Aktionsplan) und die Bestimmungen der Verordnung (EU) Nr. 995/2010 des Europäischen Parlaments und des Rates vom 20. Oktober 2010 über die Verpflichtungen von Marktteilnehmern, die Holz und Holzerzeugnisse in Verkehr bringen [1], wonach die mit Holzerzeugnissen Handel Treibenden verpflichtet sind, die gebotene Sorgfalt walten zu lassen, um die Einfuhr illegal geschlagenen Holzes in den Unionsmarkt zu verhindern. Die Mitgliedstaaten sollten dafür sorgen, dass die Mitglieder der zuständigen Organe eines Unternehmens im Rahmen der ihnen durch nationales Recht übertragenen Zuständigkeiten die Verantwortung haben zu gewährleisten, dass der Bericht über Zahlungen an staatliche Stellen nach ihrem bestem Wissen und Vermögen entsprechend den Anforderungen dieser Richtlinie erstellt wird. Die Anforderungen im Einzelnen sind in Kapitel 10 der Richtlinie 2013/34/EU des Europäischen Parlaments und des Rates vom 26. Juni 2013 über den Jahresabschluss, den konsolidierten Abschluss und damit verbundene Berichte von Unternehmen bestimmter Rechtsformen und zur Änderung der Richtlinie 2006/43/EG des Europäischen Parlaments und des Rates und zur Aufhebung der Richtlinien 78/660/EWG und 83/349/EWG des Rates [2] festgelegt.

(8) Zum Zweck der Transparenz und des Anlegerschutzes sollten die Mitgliedstaaten verlangen, dass die folgenden Grundsätze auf die Berichterstattung über Zahlungen an staatliche Stellen gemäß Kapitel 10 der Richtlinie 2013/34/EU Anwendung finden: Wesentlichkeit (eine Zahlung ist unabhängig davon, ob sie als Einmalzahlung oder als eine Reihe verbundener Zahlungen geleistet wird, nicht in dem Bericht zu berücksichtigen, wenn sie im Laufe eines Geschäftsjahrs unter 100 000 EUR liegt); auf staatliche Stellen und auf Projekte bezogene Berichterstattung (die Berichterstattung über Zahlungen an staatliche Stellen sollte in Bezug auf staatliche Stellen und in Bezug auf einzelne Projekte erfolgen); Universalität (es sollten keine Ausnahmen gemacht werden — z. B. für in bestimmten Ländern tätige Emittenten —, die eine verzerrende Wirkung haben und es Emittenten ermöglichen, laxe Transparenzanforderungen auszunutzen); Vollständigkeit (über alle relevanten an staatliche Stellen geleisteten Zahlungen sollte gemäß Kapitel 10 der Richtlinie 2013/34/EU und im Einklang mit den betreffenden Erwägungsgründen Bericht erstattet werden).

(9) Die Innovation im Finanzbereich hat zur Schaffung neuer Arten von Finanzinstrumenten geführt, mit denen Anleger eine finanzielle Beteiligung an Unternehmen erwerben, deren Offenlegung in der Richtlinie 2004/109/EG nicht vorgesehen ist. Diese Instrumente könnten zum heimlichen Erwerb von Aktienbeständen von Unternehmen genutzt werden, was zu Marktmissbrauch führen und ein falsches und irreführendes Bild der wirtschaftlichen Eigentumsverhältnisse börsennotierter Gesellschaften zeichnen kann. Um zu gewährleisten, dass Emittenten und Anleger vollständig über die Unternehmensbeteiligungsstruktur unterrichtet sind, sollte die Definition des Begriffs „Finanzinstrumente" in jener Richtlinie alle Instrumente erfassen, die eine dem Halten von Aktien oder Aktienbezugsrechten vergleichbare wirtschaftliche Wirkung haben.

(10) Finanzinstrumente, die eine dem Halten von Aktien oder Aktienbezugsrechten vergleichbare wirtschaftliche Wirkung haben und einen Barausgleich vorsehen, sollten auf einer „delta-angepassten" Basis berechnet werden, wobei die nominale Anzahl der zugrunde liegenden Aktien mit dem Delta des Instruments multipliziert wird. Delta gibt an, wie stark sich der theoretische Wert eines Finanzinstruments im Falle einer Kursschwankung des zugrunde liegenden Instruments ändern würde, und vermittelt ein genaues Bild vom Risiko des Inhabers in Bezug auf das zugrunde liegende Instrument. Mit diesem Ansatz soll dafür gesorgt werden, dass die Informationen über die gesamten Stimmrechte, die dem Anleger zustehen, so genau wie möglich sind.

(11) Falls ein Inhaber von Finanzinstrumenten Aktienbezugsrechte ausübt und die Summe der gehaltenen Stimmrechte aus den zugrunde liegenden Aktien die Mitteilungsschwelle überschreitet, ohne den Gesamtanteil der zuvor gemeldeten Beteiligungen zu berühren, sollte zur Gewährleistung angemessener Transparenz bedeutender Beteiligungen zusätzlich eine erneute Mitteilung zur Offenlegung der Änderung in der Natur der Beteiligungen vorgeschrieben sein.

(1) ABl. L 295 vom 12.11.2010, S. 23.
(2) ABl. L 182 vom 29.6.2013, S. 19.

(12) Eine harmonisierte Regelung für die Mitteilung bedeutender Stimmrechtsanteile, insbesondere in Bezug auf die Zusammenrechnung gehaltener Aktien und gehaltener Finanzinstrumente, dürfte die Rechtssicherheit verbessern, die Transparenz steigern und den Verwaltungsaufwand für grenzüberschreitend tätige Anleger verringern. Daher sollte es den Mitgliedstaaten nicht erlaubt sein, hinsichtlich der Berechnung der Mitteilungsschwellen, der Zusammenrechnung der Stimmrechtsanteile aus Aktien und aus Finanzinstrumenten sowie der Ausnahmen von der Mitteilungspflicht Vorschriften zu erlassen, die strenger sind als jene der Richtlinie 2004/109/EG. Allerdings sollten die Mitgliedstaaten angesichts der im Bereich der Eigentumskonzentration in der Union bestehenden Unterschiede und der gesellschaftsrechtlichen Unterschiede in der Union, die dazu führen, dass bei einigen Emittenten die Gesamtzahl der Aktien von der Gesamtzahl der Stimmrechte abweicht, weiterhin sowohl niedrigere als auch zusätzliche Schwellen für die Mitteilung gehaltener Stimmrechtsanteile festsetzen und gleichwertige Mitteilungen in Bezug auf Kapitalanteilsschwellen vorschreiben dürfen. Außerdem sollte es den Mitgliedstaaten weiterhin gestattet sein, hinsichtlich des Inhalts (wie etwa der Offenlegung der Absichten der Anteilseigner), des Verfahrens und des Zeitpunkts der Mitteilungen strengere als die in der Richtlinie 2004/109/EG vorgesehenen Verpflichtungen festzulegen, und sie sollten weiterhin die Möglichkeit haben, zusätzliche Informationen über bedeutende Beteiligungen zu verlangen, die in der Richtlinie 2004/109/EG nicht vorgesehen sind. Insbesondere sollten die Mitgliedstaaten auch in der Lage sein, weiterhin Rechts- und Verwaltungsvorschriften anzuwenden, die im Zusammenhang mit Übernahmeangeboten, Zusammenschlüssen und anderen Transaktionen erlassen wurden, die die Eigentumsverhältnisse oder die Kontrolle von Unternehmen betreffen und die durch die von den Mitgliedstaaten gemäß Artikel 4 der Richtlinie 2004/25/EG des Europäischen Parlaments und des Rates vom 21. April 2004 betreffend Übernahmeangebote ([1]) benannten Behörden beaufsichtigt werden, die strengere Offenlegungsanforderungen als die der Richtlinie 2004/109/EG vorsehen.

(13) Die kohärente Harmonisierung der Regeln in Bezug auf die Mitteilung bedeutender Beteiligungen und angemessene Transparenzniveaus sollten durch technische Standards sichergestellt werden. Es wäre sinnvoll und angemessen, der durch die Verordnung (EU) Nr. 1095/2010 des Europäischen Parlaments und des Rates ([2]) errichteten Europäischen Aufsichtsbehörde (Europäische Wertpapier- und Marktaufsichtsbehörde) (ESMA) die Aufgabe zu übertragen, für technische Regulierungsstandards, die keine politischen Entscheidungen erfordern, Entwürfe auszuarbeiten und der Kommission vorzulegen. Die von ESMA erarbeiteten technischen Regulierungsstandards zur Festlegung der Bedingungen für die Anwendung bestehender Ausnahmen von der Pflicht zur Mitteilung bedeutender Stimmrechtsanteile sollten von der Kommission angenommen werden. ESMA sollte unter Nutzung ihres Fachwissens insbesondere die Fälle gerechtfertigter Ausnahmen ermitteln und dabei Möglichkeiten des Missbrauchs zur Umgehung der Mitteilungspflicht Rechnung tragen.

(14) Zur Berücksichtigung technischer Entwicklungen sollte der Kommission die Befugnis übertragen werden, gemäß Artikel 290 des Vertrags über die Arbeitsweise der Europäischen Union (AEUV) Rechtsakte zu erlassen, um die Inhalte der Mitteilung größerer Beteiligungen an Finanzinstrumenten festzulegen. Es ist von besonderer Bedeutung, dass die Kommission im Zuge ihrer Vorbereitungsarbeit angemessene Konsultationen, auch auf der Ebene von Sachverständigen, durchführt. Bei der Vorbereitung und Ausarbeitung delegierter Rechtsakte sollte die Kommission gewährleisten, dass die einschlägigen Dokumente dem Europäischen Parlament und dem Rat gleichzeitig, rechtzeitig und auf angemessene Weise übermittelt werden.

(15) Zur Erleichterung grenzübergreifender Investitionen sollten die Anleger leichten Zugang zu den vorgeschriebenen Informationen in Bezug auf alle börsennotierten Gesellschaften in der Union haben. Allerdings gewährleistet das bestehende Netz der amtlich bestellten nationalen Systeme für die zentrale Speicherung vorgeschriebener Informationen nicht, dass die Suche nach diesen Informationen unionsweit problemlos möglich ist. Um den grenzüberschreitenden Zugang zu Informationen sicherzustellen und technischen Entwicklungen in den Finanzmärkten und den Kommunikationstechnologien Rechnung zu tragen, sollte der Kommission die Befugnis übertragen werden, gemäß Artikel 290 AEUV Rechtsakte zu erlassen, um Mindeststandards für die Verbreitung vorgeschriebener Informationen und den Zugang hierzu auf Unionsebene sowie für die Mechanismen für die zentrale Speicherung vorgeschriebener Informationen festzulegen. Die Kommission sollte auch dazu ermächtigt werden, mit Unterstützung durch ESMA Maßnahmen zur Verbesserung des Funktionierens des Netzes der amtlich bestellten nationalen Systeme für die zentrale Speicherung zu treffen und technische Kriterien für den Zugang zu vorgeschriebenen Informationen auf Unionsebene, insbesondere für den Betrieb eines zentralen Zugangsportals für die Suche nach vorgeschriebenen Informationen auf Unionsebene, zu entwickeln. ESMA sollte ein Webportal entwickeln und betreiben, das als europäisches elektronisches Zugangsportal („Zugangsportal") dient.

(16) Zur Verbesserung der Einhaltung der Anforderungen der Richtlinie 2004/109/EG und entsprechend der Mitteilung der Kommission vom 9. Dezember 2010 mit dem Titel „Stärkung der Sanktionsregelungen im Finanzdienstleistungssektor" sollten die Sanktionsbefugnisse erweitert werden und in Bezug auf die Adressaten, die bei Verhängung einer verwaltungsrechtlichen Sanktion oder Verwaltungsmaßnahme zu berücksichtigenden Kriterien, die wesentlichen Sanktionsbefugnisse sowie die Höhe der von den Verwaltungen verhängten finanziellen Sanktionen bestimmten grundlegenden Ansprüchen genügen. Diese Sanktionsbefugnisse sollten zumindest dann anwendbar sein, wenn wesentliche Bestimmungen der Richtlinie 2004/109/EG verletzt wurden. Die Mitgliedstaaten sollten sie jedoch auch in anderen Fällen ausüben können. Insbesondere sollten die Mitgliedstaaten dafür sorgen, dass die anwendbaren verwaltungsrechtlichen Sanktionen oder Verwaltungsmaßnahmen die Möglichkeit beinhalten, finanzielle Sanktionen zu verhängen,

([1]) ABl. L 142 vom 30.4.2004, S. 12.
([2]) ABl. L 331 vom 15.12.2010, S. 84.

die hinreichend hoch sind, um abschreckend zu wirken. Bei Verstößen durch juristische Personen sollten die Mitgliedstaaten die Verhängung von Sanktionen gegen Mitglieder der Verwaltungs-, Leitungs- oder Aufsichtsorgane der betreffenden juristischen Person oder andere natürliche Personen vorsehen können, die nach Maßgabe des nationalen Rechts für diese Verstöße haftbar gemacht werden können. Die Mitgliedstaaten sollten ferner vorsehen können, dass die Ausübung der Stimmrechte derjenigen Inhaber von Aktien und Finanzinstrumenten, die der Mitteilungspflicht nicht nachkommen, ausgesetzt wird bzw. werden kann. Die Mitgliedstaaten sollten auch vorsehen können, dass die Stimmrechte nur bei den schwerwiegendsten Verstößen ausgesetzt werden. Damit alle Fälle der Nichteinhaltung von Vorschriften erfasst werden — gleichgültig, ob sie nach nationalem Recht als Sanktion oder als Maßnahme einzuordnen sind — sollte die Richtlinie 2004/109/EG sowohl verwaltungsrechtliche Sanktionen als auch Verwaltungsmaßnahmen vorsehen und etwaige gesetzliche Bestimmungen der Mitgliedstaaten über strafrechtliche Sanktionen unberührt lassen.

Angesichts der Notwendigkeit, dass die Sanktionen hinreichend abschreckend sein müssen, damit saubere und transparente Märkte gefördert werden, sollten die Mitgliedstaaten zusätzliche Sanktionen oder Maßnahmen und höhere als die nach der Richtlinie 2004/109/EG von der Verwaltung zu verhängenden finanziellen Sanktionen vorsehen können. Mit den Bestimmungen über die Verhängung von Sanktionen und den Bestimmungen über die Bekanntmachung von verwaltungsrechtlichen Sanktionen wird kein Präzedenzfall für andere Rechtsvorschriften der Union, insbesondere bei schwerwiegenderen Rechtsverletzungen, geschaffen.

(17) Um zu gewährleisten, dass Entscheidungen über die Verhängung einer Verwaltungsmaßnahme oder einer verwaltungsrechtlichen Sanktion auf breite Kreise abschreckend wirken, sollten sie in der Regel öffentlich bekanntgemacht werden. Die öffentliche Bekanntmachung von Entscheidungen ist auch ein wichtiges Instrument zur Unterrichtung der Marktteilnehmer darüber, welches Verhalten als Verstoß gegen die Richtlinie 2004/109/EG betrachtet wird, sowie zur Förderung eines einwandfreien Verhaltens zwischen den Marktteilnehmern auf breiter Basis. Würde hingegen die öffentliche Bekanntmachung einer Entscheidung die Stabilität des Finanzsystems oder eine laufende offizielle Ermittlung ernsthaft gefährden oder den beteiligten Institutionen oder natürlichen Personen einen unverhältnismäßig großen Schaden — sofern sich dieser ermitteln lässt — zufügen oder ergibt bei Verhängung der Sanktion gegen eine natürliche Person eine vorgeschriebene vorherige Bewertung der Verhältnismäßigkeit der öffentlichen Bekanntmachung, dass die öffentliche Bekanntmachung der personenbezogenen Daten unverhältnismäßig wäre, so sollte die zuständige Behörde beschließen können, die Bekanntmachung aufzuschieben oder die Informationen in anonymisierter Form bekanntzumachen.

(18) Zur Klärung der Behandlung nicht notierter Wertpapiere, die durch Zertifikate vertreten werden, die zum Handel an einem geregelten Markt zugelassen sind, und zur Vermeidung von Transparenzlücken sollte die Definition des Begriffs „Emittent“ genauer gefasst werden, um die Emittenten von nicht notierten Wertpapieren, die durch Zertifikate vertreten werden, die zum Handel an einem geregelten Markt zugelassen sind, zu erfassen. Daneben ist es angemessen, die Definition des Begriffs „Emittent“ unter Berücksichtigung des Umstands zu ändern, dass in einigen Mitgliedstaaten Emittenten von Wertpapieren, die zum Handel an einem geregelten Markt zugelassen sind, natürliche Personen sein können.

(19) Gemäß der Richtlinie 2004/109/EG gilt im Falle eines Drittlandsemittenten von Schuldtiteln mit einer Stückelung von weniger als 1 000 EUR oder eines Drittlandsemittenten von Aktien als Herkunftsmitgliedstaat des Emittenten der in Artikel 2 Absatz 1 Buchstabe m Ziffer iii der Richtlinie 2003/71/EG des Europäischen Parlaments und des Rates [1] genannte Mitgliedstaat. Damit der Herkunftsmitgliedstaat dieser Drittlandsemittenten präziser und einfacher festgelegt werden kann, sollte die Begriffsbestimmung dahin gehend geändert werden, dass als Herkunftsmitgliedstaat der Mitgliedstaat gilt, der von dem Emittenten unter den Mitgliedstaaten ausgewählt wird, in denen seine Wertpapiere zum Handel an einem geregelten Markt zugelassen sind.

(20) Alle Emittenten, deren Wertpapiere zum Handel an einem geregelten Markt in der Union zugelassen sind, sollten von einer zuständigen Behörde eines Mitgliedstaats beaufsichtigt werden, um sicherzustellen, dass sie ihren Verpflichtungen nachkommen. Emittenten, die gemäß der Richtlinie 2004/109/EG ihren Herkunftsmitgliedstaat wählen müssen, dies jedoch nicht getan haben, können sich jeglicher Beaufsichtigung durch eine zuständige Behörde in der Union entziehen. Deshalb sollte die Richtlinie 2004/109/EG so geändert werden, dass für die Emittenten, die den zuständigen Behörden nicht innerhalb von drei Monaten die Wahl ihres Herkunftsmitgliedstaats mitgeteilt haben, ein Herkunftsmitgliedstaat festgelegt wird. In diesem Fall sollte der Herkunftsmitgliedstaat derjenige Mitgliedstaat sein, in dem die Wertpapiere des Emittenten zum Handel an einem geregelten Markt zugelassen sind. Sind die Wertpapiere in mehr als einem Mitgliedstaat zum Handel an einem geregelten Markt zugelassen, werden alle diese Mitgliedstaaten so lange Herkunftsmitgliedstaaten, bis der Emittent einen einzigen Herkunftsmitgliedstaat auswählt und dies mitteilt. Damit würde den betreffenden Emittenten ein Anreiz geboten, einen Herkunftsmitgliedstaat auszuwählen und dies den jeweils zuständigen Behörden mitzuteilen; gleichzeitig wären die zuständigen Behörden nicht länger der zum Eingreifen notwendigen Befugnisse beraubt, bis ein Emittent die Wahl seines Herkunftsmitgliedstaats mitgeteilt hat.

(21) Gemäß der Richtlinie 2004/109/EG gilt im Falle eines Emittenten von Schuldtiteln mit einer Stückelung von 1 000 EUR oder mehr die durch den Emittenten getroffene Wahl eines Herkunftsmitgliedstaats für die Dauer von drei Jahren. Sind jedoch die Wertpapiere eines Emittenten nicht mehr zum Handel an dem geregelten Markt im Herkunftsmitgliedstaat des Emittenten zugelassen

(1) ABl. L 345 vom 31.12.2003, S. 64.

und weiterhin in einem oder mehreren Aufnahmemitgliedstaaten zum Handel zugelassen, so besteht keine Beziehung dieses Emittenten zu seinem ursprünglich gewählten Herkunftsmitgliedstaat mehr, wenn dieser Mitgliedstaat nicht der Mitgliedstaat ist, in dem der Emittent seinen Sitz hat. In diesem Fall sollte der Emittent einen seiner Aufnahmemitgliedstaaten oder den Mitgliedstaat, in dem er seinen Sitz hat, vor Ablauf des Dreijahreszeitraums als seinen neuen Herkunftsmitgliedstaat wählen können. Die gleiche Möglichkeit, einen neuen Herkunftsmitgliedstaat zu wählen, hätten auch ein Drittlandsemittent von Schuldtiteln mit einer Stückelung von weniger als 1 000 EUR oder ein Drittlandsemittent von Aktien, deren Wertpapiere nicht mehr zum Handel an dem geregelten Markt in ihrem Herkunftsmitgliedstaat, aber weiterhin zum Handel in einem oder mehreren Aufnahmemitgliedstaaten zugelassen sind.

(22) Hinsichtlich der Definition des Begriffs „Herkunftsmitgliedstaat" sollte zwischen den Richtlinien 2004/109/EG und 2003/71/EG Übereinstimmung bestehen. Damit diesbezüglich gewährleistet ist, dass die Beaufsichtigung durch den relevantesten Mitgliedstaat erfolgt, sollte die Richtlinie 2003/71/EG so geändert werden, dass sie mehr Flexibilität in den Fällen bietet, in denen die Wertpapiere eines Emittenten mit Sitz in einem Drittland nicht mehr zum Handel an dem geregelten Markt in seinem Herkunftsmitgliedstaat, aber stattdessen zum Handel in einem oder mehreren anderen Mitgliedstaaten zugelassen sind.

(23) Die Richtlinie 2007/14/EG der Kommission [1] enthält insbesondere Regeln zur Mitteilung der Wahl des Herkunftsmitgliedstaats durch den Emittenten. Diese Regeln sollten in die Richtlinie 2004/109/EG aufgenommen werden. Um sicherzustellen, dass die zuständigen Behörden des bzw. der Aufnahmemitgliedstaaten und des Mitgliedstaats, in dem der Emittent seinen Sitz hat und der weder Herkunftsmitgliedstaat noch Aufnahmemitgliedstaat ist, über die vom Emittenten getroffene Wahl des Herkunftsmitgliedstaats informiert werden, sollten alle Emittenten verpflichtet werden, die Wahl ihres Herkunftsmitgliedstaats der zuständigen Behörde ihres Herkunftsmitgliedstaats, den zuständigen Behörden aller Aufnahmemitgliedstaaten und der zuständigen Behörde des Mitgliedstaats, in dem sie ihren Sitz haben, falls dieser nicht der Herkunftsmitgliedstaat ist, mitzuteilen. Die Regeln zur Mitteilung der Wahl des Herkunftsmitgliedstaats sollten daher entsprechend geändert werden.

(24) Die Pflicht zur Offenlegung von Anleiheneuemissionen gemäß der Richtlinie 2004/109/EG hat in der Praxis zu vielen Umsetzungsschwierigkeiten geführt, und ihre Durchführung gilt als komplex. Außerdem überschneidet sich diese Offenlegungspflicht teilweise mit den Verpflichtungen gemäß der Richtlinie 2003/71/EG und gemäß der Richtlinie 2003/6/EG des Europäischen Parlaments und des Rates vom 28. Januar 2003 über Insider-Geschäfte und Marktmanipulation (Marktmissbrauch) [2], und sie ist auch nicht mit vielen Zusatzinformationen für den Markt verbunden. Daher sollte diese Verpflichtung zur Vermeidung unnötigen Verwaltungsaufwands für die Emittenten aufgehoben werden.

(25) Die Pflicht zur Mitteilung jeglicher Änderung des Gründungsaktes oder der Satzung eines Emittenten an die zuständigen Behörden des Herkunftsmitgliedstaats überschneidet sich mit einer ähnlichen Pflicht gemäß der Richtlinie 2007/36/EG des Europäischen Parlaments und des Rates vom 11. Juli 2007 über die Ausübung bestimmter Rechte von Aktionären in börsennotierten Gesellschaften [3] und kann Verwirrung in Bezug auf die Rolle der zuständigen Behörde stiften. Daher sollte diese Verpflichtung zur Vermeidung unnötigen Verwaltungsaufwands für die Emittenten aufgehoben werden.

(26) Ein harmonisiertes elektronisches Format für die Berichterstattung wäre für Emittenten, Anleger und zuständige Behörden von großem Nutzen, denn es würde die Berichterstattung vereinfachen sowie die Zugänglichkeit, Analyse und Vergleichbarkeit von Jahresfinanzberichten erleichtern. Deshalb sollte die Erstellung von Jahresfinanzberichten in einem einheitlichen elektronischen Berichtsformat mit Wirkung vom 1. Januar 2020 verpflichtend sein, sofern ESMA eine Kosten-Nutzen-Analyse durchgeführt hat. ESMA sollte Entwürfe für technische Regulierungsstandards zum Erlass durch die Kommission erarbeiten, um das elektronische Berichtsformat unter gebührender Bezugnahme auf bestehende und künftige Technologieoptionen, wie etwa eXtensible Business Reporting Language (XBRL), festzulegen. Bei der Ausarbeitung der Entwürfe für technische Regulierungsstandards sollte ESMA offene öffentliche Anhörungen für alle betroffenen Interessengruppen durchführen, eine gründliche Bewertung der möglichen Auswirkungen der Annahme der verschiedenen Technologieoptionen vornehmen und geeignete Tests in den Mitgliedstaaten durchführen, über die sie der Kommission bei der Vorlage der Entwürfe für technische Regulierungsstandards berichten sollte. Bei der Erarbeitung der Entwürfe technischer Regulierungsstandards zu den auf Banken und Finanzintermediäre sowie Versicherungsgesellschaften anwendbaren Formaten sollte ESMA regelmäßig und eng mit der durch die Verordnung (EU) Nr. 1093/2010 des Europäischen Parlaments und des Rates [4] errichteten Europäischen Aufsichtsbehörde (Europäische Bankenaufsichtsbehörde) und der durch die Verordnung (EU) Nr. 1094/2010 des Europäischen Parlaments und des Rates [5] errichteten Europäischen Aufsichtsbehörde (Europäische Aufsichtsbehörde für das Versicherungswesen und die betriebliche Altersversorgung) zusammenarbeiten, um den Besonderheiten dieser Sektoren Rechnung zu tragen und so für eine sektorübergreifende Kohärenz der Arbeiten zu sorgen und gemeinsame Positionen herbeizuführen. Das Europäische Parlament und der Rat sollten gemäß Artikel 13 Absatz 3 der Verordnung (EU) Nr. 1095/2010 Einwände gegen technische Regulierungsstandards erheben können; erheben sie Einwände, so sollten die betreffenden Standards nicht in Kraft treten.

---

(1) ABl. L 69 vom 9.3.2007, S. 27.
(2) ABl. L 96 vom 12.4.2003, S. 16.
(3) ABl. L 184 vom 14.7.2007, S. 17.
(4) ABl. L 331 vom 15.12.2010, S. 12.
(5) ABl. L 331 vom 15.12.2010, S. 48.

(27) In Bezug auf die Verarbeitung personenbezogener Daten für die Zwecke dieser Richtlinie sind die Richtlinie 95/46/EG des Europäischen Parlaments und des Rates vom 24. Oktober 1995 zum Schutz natürlicher Personen bei der Verarbeitung personenbezogener Daten und zum freien Datenverkehr [1] und die Verordnung (EG) Nr. 45/2001 des Europäischen Parlaments und des Rates vom 18. Dezember 2000 zum Schutz natürlicher Personen bei der Verarbeitung personenbezogener Daten durch die Organe und Einrichtungen der Gemeinschaft und zum freien Datenverkehr [2] uneingeschränkt anwendbar.

(28) Diese Richtlinie steht im Einklang mit den Grundrechten und Grundsätzen, die mit der Charta der Grundrechte der Europäischen Union anerkannt wurden und im Vertrag niedergelegt sind, und ist unter Wahrung dieser Rechte und Grundsätze durchzuführen.

(29) Da die Ziele dieser Richtlinie, nämlich die Harmonisierung der Transparenzanforderungen in Bezug auf Informationen über Emittenten, deren Wertpapiere zum Handel an einem geregelten Markt zugelassen sind, auf Ebene der Mitgliedstaaten nicht ausreichend verwirklicht werden können und daher wegen ihres Umfangs oder ihrer Wirkungen besser auf Unionsebene zu verwirklichen sind, kann die Union im Einklang mit dem in Artikel 5 des Vertrags über die Europäische Union niedergelegten Subsidiaritätsprinzip tätig werden. Entsprechend dem in demselben Artikel genannten Grundsatz der Verhältnismäßigkeit geht diese Richtlinie nicht über das zur Erreichung dieser Ziele erforderliche Maß hinaus.

(30) Gemäß der Gemeinsamen Politischen Erklärung der Mitgliedstaaten und der Kommission vom 28. September 2011 zu erläuternden Dokumenten [3] haben sich die Mitgliedstaaten verpflichtet, in begründeten Fällen zusätzlich zur Mitteilung ihrer Umsetzungsmaßnahmen ein oder mehrere Dokumente zu übermitteln, in denen der Zusammenhang zwischen den Bestandteilen einer Richtlinie und den entsprechenden Teilen innerstaatlicher Umsetzungsinstrumente erläutert wird. In Bezug auf diese Richtlinie hält der Gesetzgeber die Übermittlung derartiger Dokumente für gerechtfertigt.

(31) Die Richtlinien 2004/109/EG, 2003/71/EG und 2007/14/EG sollten daher entsprechend geändert werden —

HABEN FOLGENDE RICHTLINIE ERLASSEN:

Artikel 1

Änderungen der Richtlinie 2004/109/EG

Die Richtlinie 2004/109/EG wird wie folgt geändert:

1. Artikel 2 wird wie folgt geändert:

a) Absatz 1 wird wie folgt geändert:

i) Buchstabe d erhält folgende Fassung:

„d) ‚Emittent‘ ist eine natürliche oder juristische Person des privaten oder öffentlichen Rechts, einschließlich eines Staates, deren Wertpapiere zum Handel an einem geregelten Markt zugelassen sind.

Im Falle von Zertifikaten, die zum Handel an einem geregelten Markt zugelassen sind, gilt als Emittent der Emittent der vertretenen Wertpapiere, wobei es unerheblich ist, ob diese Wertpapiere zum Handel an einem geregelten Markt zugelassen sind oder nicht;“;

ii) Buchstabe i wird wie folgt geändert:

i) In Ziffer i erhält der zweite Gedankenstrich folgende Fassung:

„— für Emittenten mit Sitz in einem Drittland der Mitgliedstaat, den der Emittent unter den Mitgliedstaaten auswählt, in denen seine Wertpapiere zum Handel an einem geregelten Markt zugelassen sind. Die Wahl des Herkunftsmitgliedstaats bleibt so lange gültig, bis der Emittent nach Ziffer iii einen neuen Herkunftsmitgliedstaat ausgewählt und seine Wahl gemäß Absatz 2 dieser Ziffer i mitgeteilt hat;“;

ii) Ziffer ii erhält folgende Fassung:

„ii) für jeden nicht unter Ziffer i fallenden Emittenten der Mitgliedstaat, den der Emittent unter dem Mitgliedstaat, in dem er seinen Sitz hat - sofern einschlägig -, und den Mitgliedstaaten, in denen seine Wertpapiere zum Handel an einem geregelten Markt zugelassen sind, auswählt. Der Emittent darf nicht mehr als einen Mitgliedstaat als Herkunftsmitgliedstaat auswählen. Die Wahl ist mindestens drei Jahre gültig, außer wenn im Laufe des Dreijahreszeitraums die Wertpapiere des Emittenten auf keinem geregelten Markt in der Union mehr zum Handel zugelassen sind oder der Emittent unter die Bestimmungen der Ziffern i oder iii fällt;“;

iii) folgende Ziffer wird angefügt:

„iii) für einen Emittenten, dessen Wertpapiere nicht mehr zum Handel an einem geregelten Markt in seinem Herkunftsmitgliedstaat im Sinne der Ziffer i zweiter Gedankenstrich oder der Ziffer ii, aber stattdessen zum Handel in einem oder mehreren anderen Mitgliedstaaten zugelassen sind, der neue Herkunftsmitgliedstaat, den der Emittent unter den Mitgliedstaaten, in denen seine Wertpapiere zum Handel auf einem geregelten Markt zugelassen sind, und - sofern einschlägig - dem Mitgliedstaat, in dem er seinen Sitz hat, auswählt;“;

[1] ABl. L 281 vom 23.11.1995, S. 31.
[2] ABl. L 8 vom 12.1.2001, S. 1.
[3] ABl. C 369 vom 17.12.2011, S. 14.

iv) folgende Absätze werden angefügt:

„Ein Emittent teilt seinen Herkunftsmitgliedstaat nach Ziffer i, ii oder iii gemäß den Artikeln 20 und 21 mit. Außerdem teilt ein Emittent seinen Herkunftsmitgliedstaat der zuständigen Behörde des Mitgliedstaats, in dem er seinen Sitz hat - sofern einschlägig -, der zuständigen Behörde des Herkunftsmitgliedstaats und den zuständigen Behörden aller Aufnahmemitgliedstaaten mit.

Teilt der Emittent seinen Herkunftsmitgliedstaat im Sinne der Ziffer i zweiter Gedankenstrich oder der Ziffer ii nicht binnen drei Monaten ab der erstmaligen Zulassung seiner Wertpapiere zum Handel an einem geregelten Markt mit, so ist der Herkunftsmitgliedstaat der Mitgliedstaat, in dessen Hoheitsgebiet die Wertpapiere des Emittenten zum Handel an einem geregelten Markt zugelassen sind. Sind die Wertpapiere des Emittenten zum Handel an geregelten Märkten zugelassen, die in mehr als einem Mitgliedstaat gelegen sind oder betrieben werden, so sind diese Mitgliedstaaten so lange die Herkunftsmitgliedstaaten des Emittenten, bis dieser einen einzigen Herkunftsmitgliedstaat ausgewählt und mitgeteilt hat.

Für einen Emittenten, dessen Wertpapiere bereits zum Handel an einem geregelten Markt zugelassen sind und der die Wahl seines Herkunftsmitgliedstaats nach Ziffer i zweiter Gedankenstrich oder nach Ziffer ii nicht vor dem 27. November 2015 mitgeteilt hat, beginnt die Frist von drei Monaten am 27. November 2015.

Ein Emittent, der einen Herkunftsmitgliedstaat nach Ziffer i zweiter Gedankenstrich oder nach Ziffer ii oder iii ausgewählt und seine Wahl den zuständigen Behörden des Herkunftsmitgliedstaats vor dem 27. November 2015 mitgeteilt hat, ist von der Verpflichtung nach Absatz 2 dieses Buchstaben befreit, es sei denn, der betreffende Emittent wählt nach dem 27. November 2015 einen anderen Herkunftsmitgliedstaat.“;

iii) folgender Buchstabe wird angefügt:

„q) ‚förmliche Vereinbarung‘ ist eine Vereinbarung, die nach geltendem Recht verbindlich ist.“;

b) folgender Absatz wird eingefügt:

„(2a) Bezugnahmen in dieser Richtlinie auf juristische Personen sind so zu verstehen, dass sie eingetragene Personengesellschaften ohne Rechtspersönlichkeit und Investmentfonds einschließen.“

2. Artikel 3 wird wie folgt geändert:

a) Absatz 1 erhält folgende Fassung:

„(1) Der Herkunftsmitgliedstaat kann für Emittenten strengere Anforderungen als die in dieser Richtlinie festgelegten vorsehen, sie jedoch nicht zur Veröffentlichung häufigerer regelmäßiger Finanzinformationen als der in Artikel 4 genannten Jahresfinanzberichte und der in Artikel 5 genannten Halbjahresfinanzberichte verpflichten.“;

b) folgende Absätze werden eingefügt:

„(1a) Abweichend von Absatz 1 kann der Herkunftsmitgliedstaat die Emittenten dazu verpflichten, zusätzlich häufigere regelmäßige Finanzinformationen als die in Artikel 4 genannten Jahresfinanzberichte und die in Artikel 5 genannten Halbjahresfinanzberichte zu veröffentlichen, wenn die folgenden Bedingungen erfüllt sind:

— Die zusätzlichen regelmäßigen Finanzinformationen stellen in dem betreffenden Mitgliedstaat insbesondere für die betroffenen kleinen und mittleren Emittenten keine unverhältnismäßige finanzielle Belastung dar, und

— die Inhalte der verlangten zusätzlichen regelmäßigen Finanzinformationen stehen in einem angemessenen Verhältnis zu den Faktoren, die zu Anlageentscheidungen der Anleger in dem betreffenden Mitgliedstaat beitragen.

Bevor die Mitgliedstaaten einen Beschluss fassen, der Emittenten zur Veröffentlichung zusätzlicher regelmäßiger Finanzinformationen verpflichtet, prüfen sie sowohl die Frage, ob diese zusätzlichen Anforderungen dazu führen können, dass zu viel Gewicht auf kurzfristige Ergebnisse und Leistung der Emittenten gelegt wird, als auch die Frage, ob diese Anforderungen sich negativ auf die Zugangsmöglichkeiten von kleinen und mittleren Emittenten zu den geregelten Märkten auswirken können.

Die Möglichkeit der Mitgliedstaaten, von Emittenten, bei denen es sich um Finanzinstitute handelt, die Veröffentlichung zusätzlicher regelmäßiger Finanzinformationen zu verlangen, wird dadurch nicht berührt.

Der Herkunftsmitgliedstaat darf für Aktionäre oder natürliche oder juristische Personen im Sinne der Artikel 10 oder 13 keine strengeren Anforderungen vorsehen als die in dieser Richtlinie festgelegten, es sei denn,

i) er legt Mitteilungsschwellen fest, die niedriger als jene gemäß Artikel 9 Absatz 1 sind oder jene ergänzen, und schreibt gleichwertige Mitteilungen in Bezug auf Kapitalanteilsschwellen vor;

ii) er wendet strengere Anforderungen als diejenigen nach Artikel 12 an; oder

iii) er wendet Rechts- oder Verwaltungsvorschriften an, die im Zusammenhang mit Übernahmeangeboten,

Zusammenschlüssen und anderen Transaktionen stehen, die die Eigentumsverhältnisse oder die Kontrolle von Unternehmen betreffen, und von den Behörden, die gemäß Artikel 4 der Richtlinie 2004/25/EG des Europäischen Parlaments und des Rates vom 21. April 2004 betreffend Übernahmeangebote (*) von den Mitgliedstaaten benannt wurden, beaufsichtigt werden.

(*) ABl. L 142 vom 30.4.2004, S. 12."

3. Artikel 4 wird wie folgt geändert:

a) Absatz 1 erhält folgende Fassung:

„(1) Ein Emittent veröffentlicht seinen Jahresfinanzbericht spätestens vier Monate nach Ende jedes Geschäftsjahres und stellt sicher, dass er mindestens zehn Jahre lang öffentlich zugänglich bleibt.";

b) folgender Absatz wird angefügt:

„(7) Mit Wirkung vom 1. Januar 2020 werden alle Jahresfinanzberichte in einem einheitlichen elektronischen Berichtsformat erstellt, sofern die durch die Verordnung (EU) Nr. 1095/2010 des Europäischen Parlaments und des Rates (*) errichtete Europäische Aufsichtsbehörde (Europäische Wertpapier- und Marktaufsichtsbehörde) (ESMA) eine Kosten-Nutzen-Analyse durchgeführt hat.

ESMA erarbeitet Entwürfe technischer Regulierungsstandards, um das elektronische Berichtsformat unter gebührender Bezugnahme auf bestehende und künftige Technologieoptionen festzulegen. Vor der Annahme der Entwürfe technischer Regulierungsstandards führt ESMA eine angemessene Bewertung der möglichen elektronischen Berichtsformate und geeignete Feldtests durch. ESMA legt der Kommission spätestens bis zum 31. Dezember 2016 diese Entwürfe technischer Regulierungsstandards vor.

Der Kommission wird die Befugnis übertragen, die in Unterabsatz 2 genannten technischen Regulierungsstandards gemäß den Artikeln 10 bis 14 der Verordnung (EU) Nr. 1095/2010 zu erlassen.

(*) ABl. L 331 vom 15.12.2010, S. 84."

4. Artikel 5 Absatz 1 erhält folgende Fassung:

„(1) Ein Emittent von Aktien oder Schuldtiteln veröffentlicht einen Halbjahresfinanzbericht über die ersten sechs Monate des Geschäftsjahres so schnell wie möglich nach Ende des jeweiligen Berichtszeitraums, spätestens aber drei Monate danach. Der Emittent stellt sicher, dass der Halbjahresfinanzbericht mindestens zehn Jahre lang öffentlich zugänglich bleibt."

5. Artikel 6 erhält folgende Fassung:

„Artikel 6

Bericht über Zahlungen, die an staatliche Stellen geleistet werden

Die Mitgliedstaaten verpflichten Emittenten, die gemäß der Definition in Artikel 41 Nummern 1 und 2 der Richtlinie 2013/34/EU des Europäischen Parlaments und des Rates vom 26. Juni 2013 über den Jahresabschluss, den konsolidierten Abschluss und damit verbundene Berichte von Unternehmen bestimmter Rechtsformen und zur Änderung der Richtlinie 2006/43/EG des Europäischen Parlaments und des Rates und zur Aufhebung der Richtlinien 78/660/EWG und 83/349/EWG des Rates (*) in der mineralgewinnenden Industrie oder der Industrie des Holzeinschlags in Primärwäldern tätig sind, jährlich gemäß Kapitel 10 jener Richtlinie einen Bericht über Zahlungen, die an staatliche Stellen geleistet wurden, zu erstellen. Der Bericht ist spätestens sechs Monate nach Ende jedes Geschäftsjahres zu veröffentlichen und muss mindestens zehn Jahre lang öffentlich zugänglich bleiben. Über Zahlungen an staatliche Stellen ist auf konsolidierter Ebene Bericht zu erstatten.

(*) ABl. L 182 vom 29.6.2013, S. 19."

6. Artikel 8 wird wie folgt geändert:

a) Absatz 1 erhält folgende Fassung:

„(1) Die Artikel 4 und 5 gelten nicht für die folgenden Emittenten:

a) Staaten, Gebietskörperschaften eines Staates, internationale öffentlich-rechtliche Stellen, denen mindestens ein Mitgliedstaat angehört, die Europäische Zentralbank (EZB), die durch den EFSF-Rahmenvertrag eingerichtete Europäische Finanzstabilisierungsfazilität (EFSF) und jeden anderen Mechanismus, der geschaffen wurde, um die Finanzstabilität der Europäischen Währungsunion durch Bereitstellung vorübergehender finanzieller Unterstützung für Mitgliedstaaten, deren Währung der Euro ist, zu erhalten, und die nationalen Zentralbanken der Mitgliedstaaten unabhängig davon, ob sie Aktien oder andere Wertpapiere begeben, und

b) Emittenten, die ausschließlich zum Handel an einem geregelten Markt zugelassene Schuldtitel mit einer Mindeststückelung von 100 000 EUR oder — bei Schuldtiteln, die auf eine andere Währung als Euro lauten — mit einer Mindeststückelung, die am Ausgabetag mindestens 100 000 EUR entspricht, begeben.";

b) Absatz 4 erhält folgende Fassung:

„(4) Abweichend von Absatz 1 Buchstabe b dieses Artikels gelten die Artikel 4 und 5 nicht für Emittenten, die ausschließlich Schuldtitel mit einer Mindeststückelung von 50 000 EUR oder — bei Schuldtiteln, die auf eine andere Währung als Euro lauten — mit einer Mindeststückelung, die am Ausgabetag mindestens 50 000 EUR entspricht, begeben, die bereits vor dem 31. Dezember 2010 zum Handel an einem geregelten Markt in der Union zugelassen wurden, solange derartige Schuldtitel ausstehen."

7. Artikel 9 wird wie folgt geändert:

a) Absatz 6 erhält folgende Fassung:

„(6) Dieser Artikel gilt nicht für die Stimmrechte, die ein Kreditinstitut oder eine Wertpapierfirma im Handelsbuch im Sinne von Artikel 11 der Richtlinie 2006/49/EG des Europäischen Parlaments und des Rates vom 14. Juni 2006 über die angemessene Eigenkapitalausstattung von Wertpapierfirmen und Kreditinstituten (*) hält, sofern

a) der Anteil der im Handelsbuch gehaltenen Stimmrechte nicht höher als 5 % ist und

b) die Stimmrechte aus Aktien, die im Handelsbuch gehalten werden, nicht ausgeübt werden und nicht anderweitig benutzt werden, um in die Geschäftsführung des Emittenten einzugreifen.

(*) ABl. L 177 vom 30.6.2006, S. 201.";

b) die folgenden Absätze werden eingefügt:

„(6a) Dieser Artikel gilt nicht für die Stimmrechte aus Aktien, die gemäß der Verordnung (EG) Nr. 2273/2003 der Kommission vom 22. Dezember 2003 zur Durchführung der Richtlinie 2003/6/EG des Europäischen Parlaments und des Rates — Ausnahmeregelungen für Rückkaufprogramme und Kursstabilisierungsmaßnahmen (*) zu Stabilisierungszwecken erworben wurden, sofern die Stimmrechte aus diesen Aktien nicht ausgeübt werden und nicht anderweitig benutzt werden, um in die Geschäftsführung des Emittenten einzugreifen.

(6b) ESMA erarbeitet Entwürfe technischer Regulierungsstandards zur Festlegung der Berechnungsmethode für die in den Absätzen 5 und 6 genannte 5 %-Schwelle und bezieht hierbei auch Konzerne ein, wobei sie Artikel 12 Absätze 4 und 5 berücksichtigt.

ESMA unterbreitet diese Entwürfe technischer Regulierungsstandards der Kommission bis zum 27. November 2014.

Der Kommission wird die Befugnis übertragen, die technischen Regulierungsstandards im Sinne von Unterabsatz 1 gemäß den Artikeln 10 bis 14 der Verordnung (EU) Nr. 1095/2010 zu erlassen.

(*) ABl. L 336 vom 23.12.2003, S. 33."

8. In Artikel 12 Absatz 2 erhält der einleitende Teil folgende Fassung:

„Die Mitteilung an den Emittenten erfolgt unverzüglich, spätestens jedoch nach vier Handelstagen nach dem Tag, an dem der Aktionär bzw. die natürliche oder juristische Person im Sinne des Artikels 10".

9. Artikel 13 wird wie folgt geändert:

a) Absatz 1 erhält folgende Fassung:

„(1) Die Mitteilungspflicht gemäß Artikel 9 gilt auch für natürliche oder juristische Personen, die direkt oder indirekt Finanzinstrumente halten, die

a) dem Inhaber bei Fälligkeit im Rahmen einer förmlichen Vereinbarung entweder das unbedingte Recht auf Erwerb mit Stimmrechten verbundener und bereits ausgegebener Aktien eines Emittenten, dessen Aktien zum Handel an einem geregelten Markt zugelassen sind, oder aber ein Ermessen in Bezug auf sein Recht auf Erwerb dieser Aktien verleihen;

b) nicht unter Buchstabe a fallen, die aber auf Aktien bezogen sind, die unter jenen Buchstaben fallen, und die eine vergleichbare wirtschaftliche Wirkung haben wie die unter jenem Buchstaben genannten Finanzinstrumente, unabhängig davon, ob sie einen Anspruch auf physische Abwicklung einräumen oder nicht.

In der vorzunehmenden Mitteilung ist die Art der gemäß Unterabsatz 1 Buchstabe a und der gemäß Unterabsatz 1 Buchstabe b gehaltenen Finanzinstrumente aufzuschlüsseln, wobei zwischen den Finanzinstrumenten, die einen Anspruch auf physische Abwicklung einräumen, und denjenigen, die einen Anspruch auf Barausgleich einräumen, zu unterscheiden ist.";

b) folgende Absätze werden eingefügt:

„(1a) Die Anzahl der Stimmrechte wird unter Bezugnahme auf die volle nominale Anzahl der dem Finanzinstrument zugrunde liegenden Aktien berechnet, es sei denn, das Finanzinstrument sieht ausschließlich einen Barausgleich vor; in diesem Fall wird die Anzahl der Stimmrechte auf einer ‚delta-angepassten‘ Basis berechnet, wobei die nominale Anzahl der zugrunde liegenden Aktien mit dem Delta des Instruments multipliziert wird. Zu diesem Zweck hat der Inhaber sämtliche Finanzinstrumente, die sich auf ein und denselben Emittenten beziehen, zusammenzurechnen und mitzuteilen. In die Berechnung der Stimmrechte fließen nur Erwerbspositionen ein. Erwerbspositionen werden nicht mit Veräußerungspositionen, die sich auf ein und denselben Emittenten beziehen, verrechnet.

ESMA erstellt Entwürfe technischer Regulierungsstandards zur Festlegung

a) der Berechnungsmethode für die in Unterabsatz 1 genannte Anzahl der Stimmrechte bei Finanzinstrumenten, die sich auf einen Aktienkorb oder einen Index beziehen, und

b) der Methoden zur Ermittlung des Deltas für die Zwecke der nach Unterabsatz 1 vorzunehmenden Berechnung der Stimmrechte in Bezug auf Finanzinstrumente, die ausschließlich einen Barausgleich vorsehen.

ESMA unterbreitet diese Entwürfe technischer Regulierungsstandards der Kommission bis zum 27. November 2014.

Der Kommission wird die Befugnis übertragen, die technischen Regulierungsstandards im Sinne von Unterabsatz 2 gemäß den Artikeln 10 bis 14 der Verordnung (EU) Nr. 1095/2010 zu erlassen.

(1b) Für die Zwecke von Absatz 1 werden folgende Instrumente als Finanzinstrumente betrachtet, sofern sie eine der in Absatz 1 Unterabsatz 1 Buchstabe a oder b genannten Bedingungen erfüllen:

a) übertragbare Wertpapiere;

b) Optionen;

c) Terminkontrakte;

d) Swaps;

e) Zinsausgleichsvereinbarungen;

f) Differenzgeschäfte und

g) alle anderen Kontrakte oder Vereinbarungen mit vergleichbarer wirtschaftlicher Wirkung, die physisch oder bar abgewickelt werden können.

ESMA erstellt unter Berücksichtigung der technischen Entwicklungen auf den Finanzmärkten eine nicht erschöpfende Liste der Finanzinstrumente, die Mitteilungspflichten gemäß Absatz 1 unterliegen, und aktualisiert diese regelmäßig.“;

c) Absatz 2 erhält folgende Fassung:

„(2) Der Kommission wird die Befugnis übertragen, gemäß Artikel 27 Absätze 2a, 2b und 2c und unter den Voraussetzungen der Artikel 27a und 27b mittels delegierter Rechtsakte Maßnahmen zur Festlegung der Inhalte der vorzunehmenden Mitteilungen, des Mitteilungszeitraums und der Adressaten der Mitteilung gemäß Absatz 1 zu erlassen.“;

d) folgender Absatz wird angefügt:

„(4) Die in Artikel 9 Absätze 4, 5 und 6 sowie in Artikel 12 Absätze 3, 4 und 5 vorgesehenen Ausnahmen gelten mutatis mutandis für die Mitteilungspflichten nach diesem Artikel.

ESMA erstellt Entwürfe technischer Regulierungsstandards zur Festlegung der Fälle, in denen die in Unterabsatz 1 genannten Ausnahmen für Finanzinstrumente gelten, die von einer natürlichen oder juristischen Person gehalten werden, welche im Auftrag oder auf Ersuchen von Kunden andere als Eigenhandelsgeschäfte tätigen oder aus diesen Geschäften resultierende Positionen absichern.

ESMA unterbreitet diese Entwürfe technischer Regulierungsstandards der Kommission bis zum 27. November 2014.

Der Kommission wird die Befugnis übertragen, die technischen Regulierungsstandards im Sinne von Unterabsatz 2 gemäß den Artikeln 10 bis 14 der Verordnung (EU) Nr. 1095/2010 zu erlassen."

10. Folgender Artikel wird eingefügt:

„*Artikel 13a*

Zusammenrechnung

(1) Die in Artikel 9, 10 und 13 festgelegten Mitteilungspflichten gelten auch für eine natürliche oder juristische Person, wenn die Anzahl der von dieser gemäß den Artikeln 9 und 10 direkt oder indirekt gehaltenen Stimmrechte zusammengerechnet mit der Anzahl der Stimmrechte in Bezug auf direkt oder indirekt gehaltene Finanzinstrumente nach Artikel 13 die in Artikel 9 Absatz 1 festgelegten Schwellen erreicht, überschreitet oder unterschreitet.

In der gemäß Unterabsatz 1 dieses Absatzes vorzunehmenden Mitteilung ist die Anzahl der Stimmrechte aus gemäß den Artikeln 9 und 10 gehaltenen Aktien und der in Bezug auf Finanzinstrumente gehaltenen Stimmrechte gemäß Artikel 13 aufzuschlüsseln.

(2) Stimmrechte in Bezug auf Finanzinstrumente, die bereits gemäß Artikel 13 mitgeteilt wurden, sind erneut mitzuteilen, wenn die natürliche oder juristische Person die zugrunde liegenden Aktien erworben hat und dieser Erwerb dazu führt, dass die Gesamtzahl der Stimmrechte aus Aktien ein und desselben Emittenten die in Artikel 9 Absatz 1 genannten Schwellen erreicht oder überschreitet."

11. Artikel 16 Absatz 3 wird gestrichen.

12. Artikel 19 Absatz 1 Unterabsatz 2 wird gestrichen.

13. Artikel 21 Absatz 4 erhält folgende Fassung:

„(4) Der Kommission wird die Befugnis übertragen, gemäß Artikel 27 Absätze 2a, 2b und 2c und unter den Voraussetzungen der Artikel 27a und 27b mittels delegierter Rechtsakte Maßnahmen zur Festlegung der folgenden Mindeststandards bzw. Regeln zu erlassen:

a) Mindeststandards für die Verbreitung der in Absatz 1 genannten vorgeschriebenen Informationen;

b) Mindeststandards für die in Absatz 2 genannten zentralen Speichersysteme;

c) Regeln zur Gewährleistung der Interoperabilität der von den in Absatz 2 genannten Systemen genutzten Informations- und Kommunikationstechnologien und zum Zugang zu den vorgeschriebenen Informationen auf Unionsebene.

Die Kommission kann auch eine Liste der Medien zusammenstellen und aktualisieren, über die diese Informationen der Öffentlichkeit zur Kenntnis gebracht werden können."

14. Folgender Artikel wird eingefügt:

„*Artikel 21a*

Europäisches elektronisches Zugangsportal

(1) Ein Webportal, das als europäisches elektronisches Zugangsportal (‚Zugangsportal') dient, wird bis zum 1. Januar 2018 eingerichtet. ESMA entwickelt und betreibt dieses Zugangsportal.

(2) Das System der Vernetzung der amtlich bestellten Systeme setzt sich aus folgenden Bestandteilen zusammen:

— den Systemen nach Artikel 21 Absatz 2,

— dem Webportal, das als europäisches elektronisches Zugangsportal dient.

(3) Die Mitgliedstaaten stellen den Zugang zu ihren zentralen Speichersystemen über das Zugangsportal sicher."

15. Artikel 22 erhält folgende Fassung:

„*Artikel 22*

Zugang zu vorgeschriebenen Informationen auf Unionsebene

(1) ESMA erarbeitet Entwürfe technischer Regulierungsstandards mit technischen Anforderungen an den Zugang zu vorgeschriebenen Informationen auf Unionsebene, um Folgendes festzulegen:

a) die technischen Anforderungen an die von in Artikel 21 Absatz 2 genannten Systemen genutzten Kommunikationstechnologien;

b) die technischen Anforderungen für den Betrieb des zentralen Zugangsportals für die Suche nach vorgeschriebenen Informationen auf Unionsebene;

c) die technischen Anforderungen der Verwendung einer eindeutigen Kennung für jeden Emittenten durch die in Artikel 21 Absatz 2 genannten Systeme;

d) das gemeinsame Format für die Bereitstellung vorgeschriebener Informationen durch die in Artikel 21 Absatz 2 genannten Systeme;

e) die gemeinsame Klassifizierung vorgeschriebener Informationen durch die in Artikel 21 Absatz 2 genannten Systeme und die gemeinsame Liste von Arten vorgeschriebener Informationen.

(2) Bei der Erarbeitung der Entwürfe technischer Regulierungsstandards trägt ESMA den technischen Anforderungen an das durch die Richtlinie 2012/17/EU des Europäischen Parlaments und des Rates (*) eingerichtete System der Vernetzung von Unternehmensregistern Rechnung.

ESMA unterbreitet diese Entwürfe technischer Regulierungsstandards der Kommission bis zum 27. November 2015.

Der Kommission wird die Befugnis übertragen, die technischen Regulierungsstandards im Sinne von Unterabsatz 1 gemäß den Artikeln 10 bis 14 der Verordnung (EU) Nr. 1095/2010 zu erlassen.

(*) ABl. L 156 vom 16.6.2012, S. 1."

16. In Artikel 23 Absatz 1 wird folgender Unterabsatz angefügt:

„Die gemäß den Vorschriften des Drittlandes vorzulegenden Informationen sind gemäß Artikel 19 zu hinterlegen und im Einklang mit den Artikeln 20 und 21 zu veröffentlichen."

17. In Artikel 24 werden folgende Absätze eingefügt:

„(4a) Unbeschadet des Absatzes 4 werden die zuständigen Behörden mit allen für die Wahrnehmung ihrer Aufgaben notwendigen Ermittlungsbefugnissen ausgestattet. Diese Befugnisse werden im Einklang mit dem nationalen Recht ausgeübt.

(4b) Die zuständigen Behörden üben ihre Sanktionsbefugnisse gemäß dieser Richtlinie und den nationalen Rechtsvorschriften wie folgt aus:

— unmittelbar,

— in Zusammenarbeit mit anderen Behörden,

— unter ihrer Verantwortung durch Übertragung von Aufgaben an solche Behörden,

— durch Antrag bei den zuständigen Justizbehörden."

18. In Artikel 25 Absatz 2 wird folgender Unterabsatz angefügt:

„Um zu gewährleisten, dass Sanktionen oder Maßnahmen die gewünschten Ergebnisse erzielen, arbeiten die zuständigen Behörden bei der Wahrnehmung ihrer Sanktions- und Ermittlungsbefugnisse zusammen und koordinieren ihre Maßnahmen bei grenzübergreifenden Fällen."

19. Nach Artikel 27b wird folgende Überschrift eingefügt:

„KAPITEL VIA

SANKTIONEN UND MASSNAHMEN".

20. Artikel 28 erhält folgende Fassung:

„Artikel 28

Verwaltungsmaßnahmen und -sanktionen

(1) Unbeschadet der Befugnisse der zuständigen Behörden nach Artikel 24 und des Rechts der Mitgliedstaaten, strafrechtliche Sanktionen vorzusehen und zu verhängen, legen die Mitgliedstaaten für Verstöße gegen die zur Umsetzung dieser Richtlinie erlassenen nationalen Vorschriften Verwaltungsmaßnahmen und verwaltungsrechtliche Sanktionen fest und treffen die zu ihrer Anwendung erforderlichen Maßnahmen. Diese Verwaltungsmaßnahmen und verwaltungsrechtlichen Sanktionen müssen wirksam, verhältnismäßig und abschreckend sein.

(2) Unbeschadet des Artikels 7 sorgen die Mitgliedstaaten dafür, dass in Fällen, in denen juristische Personen gegen ihre Pflichten verstoßen, gegen die Mitglieder des Verwaltungs-, Leitungs- oder Aufsichtsorgans der betreffenden juristischen Person und andere natürliche Personen, die nach nationalem Recht für den Verstoß verantwortlich sind, nach Maßgabe des nationalen Rechts Sanktionen verhängt werden können."

21. Die folgenden Artikel werden eingefügt:

„Artikel 28a

Verstöße

Artikel 28b gilt mindestens für folgende Verstöße:

a) Versäumnis des Emittenten, Informationen, die nach den zur Umsetzung der Artikel 4, 5, 6, 14 und 16 erlassenen nationalen Vorschriften vorgeschrieben sind, innerhalb der vorgeschriebenen Frist zu veröffentlichen;

b) Versäumnis der natürlichen oder juristischen Person, den Erwerb oder die Veräußerung einer bedeutenden Beteiligung gemäß den zur Umsetzung der Artikel 9, 10, 12, 13 und 13a erlassenen nationalen Vorschriften innerhalb der vorgeschriebenen Frist mitzuteilen.

Artikel 28b

Sanktionsbefugnisse

(1) Im Falle der in Artikel 28a genannten Verstöße sind die zuständigen Behörden befugt, zumindest die folgenden Verwaltungsmaßnahmen und verwaltungsrechtlichen Sanktionen zu verhängen:

a) die öffentliche Bekanntgabe der verantwortlichen natürlichen oder juristischen Person und der Art des Verstoßes;

b) eine Anordnung, wonach die verantwortliche natürliche oder juristische Person die den Verstoß darstellende Verhaltensweise einzustellen und von einer Wiederholung abzusehen hat;

c) finanzielle Sanktionen

i) im Falle einer juristischen Person

— von bis zu 10 000 000 EUR oder bis zu 5 % des jährlichen Gesamtumsatzes gemäß dem letzten verfügbaren Jahresabschluss, der vom Leitungsorgan gebilligt wurde; handelt es sich bei der juristischen Person um eine Muttergesellschaft oder die Tochtergesellschaft einer Muttergesellschaft, die einen konsolidierten Abschluss nach der Richtlinie 2013/34/EU aufzustellen hat, so ist der relevante Gesamtumsatz der jährliche Gesamtumsatz oder die entsprechende Einkunftsart gemäß den relevanten Rechnungslegungsrichtlinien, der bzw. die im letzten verfügbaren konsolidierten Jahresabschluss ausgewiesen ist, der vom Leitungsorgan der Muttergesellschaft an der Spitze gebilligt wurde, oder

— bis zur zweifachen Höhe der infolge des Verstoßes erzielten Gewinne oder vermiedenen Verluste, sofern diese sich beziffern lassen,

je nachdem, welcher Betrag höher ist;

ii) im Falle einer natürlichen Person

— von bis zu 2 000 000 EUR oder

— bis zur zweifachen Höhe der infolge des Verstoßes erzielten Gewinne oder vermiedenen Verluste, sofern diese sich beziffern lassen,

je nachdem, welcher Betrag höher ist.

In den Mitgliedstaaten, in denen der Euro nicht die amtliche Währung ist, wird der dem Betrag in Euro entsprechende Wert in der Landeswährung unter Berücksichtigung des offiziellen Wechselkurses am Tag des Inkrafttretens der Richtlinie 2013/50/EU des Europäischen Parlaments und des Rates vom 22. Oktober 2013 zur Änderung der Richtlinie 2004/109/EG des Europäischen Parlaments und des Rates zur Harmonisierung der Transparenzanforderungen in Bezug auf Informationen über Emittenten, deren Wertpapiere zum Handel auf einem geregelten Markt zugelassen sind, der Richtlinie 2003/71/EG des Europäischen Parlaments und des Rates betreffend den Prospekt, der beim öffentlichen Angebot von Wertpapieren oder bei deren Zulassung zum Handel zu veröffentlichen ist, sowie der Richtlinie 2007/14/EG der Kommission mit Durchführungsbestimmungen zu bestimmten Vorschriften der Richtlinie 2004/109/EG (*) berechnet.

(2) Unbeschadet der Befugnisse der zuständigen Behörden nach Artikel 24 und des Rechts der Mitgliedstaaten, strafrechtliche Sanktionen zu verhängen, stellen die Mitgliedstaaten sicher, dass ihre Rechts- und Verwaltungsvorschriften die Möglichkeit vorsehen, die Ausübung der Stimmrechte aus Aktien im Falle der in Artikel 28a Buchstabe b genannten Verstöße auszusetzen. Die Mitgliedstaaten können vorsehen, dass die Stimmrechte nur bei den schwerwiegendsten Verstößen ausgesetzt werden.

(3) Die Mitgliedstaaten können zusätzliche Sanktionen und Maßnahmen sowie höhere Beträge bei von der Verwaltung zu verhängenden finanziellen Sanktionen als diejenigen vorsehen, die in dieser Richtlinie vorgesehen sind.

Artikel 28c

Wahrnehmung der Sanktionsbefugnisse

(1) Die Mitgliedstaaten sorgen dafür, dass die zuständigen Behörden bei der Bestimmung der Art und der Höhe der verwaltungsrechtlichen Sanktionen oder Verwaltungsmaßnahmen alle maßgeblichen Umstände berücksichtigen. Dazu zählen gegebenenfalls:

a) die Schwere und Dauer des Verstoßes;

b) der Grad an Verantwortung der verantwortlichen natürlichen oder juristischen Person;

c) die Finanzkraft der verantwortlichen natürlichen oder juristischen Person, wie sie sich beispielsweise aus dem Gesamtumsatz der verantwortlichen juristischen Person oder den Jahreseinkünften der verantwortlichen natürlichen Person ablesen lässt;

d) die Höhe der von der verantwortlichen natürlichen oder juristischen Person erzielten Gewinne oder vermiedenen Verluste, sofern diese sich beziffern lassen;

e) die Verluste, die Dritten durch den Verstoß entstanden sind, sofern diese sich beziffern lassen;

f) das Maß der Bereitschaft der verantwortlichen natürlichen oder juristischen Person zur Zusammenarbeit mit der zuständigen Behörde;

g) frühere Verstöße der verantwortlichen natürlichen oder juristischen Person.

(2) Die Verarbeitung personenbezogener Daten, die bei oder zum Zwecke der Ausübung der Aufsichts- und Ermittlungsbefugnisse gemäß dieser Richtlinie erfasst werden, erfolgt im Einklang mit der Richtlinie 95/46/EG und gegebenenfalls der Verordnung (EG) Nr. 45/2001.

(*) ABl. L 294 vom 6.11.2013, S. 13."

22. Vor Artikel 29 wird folgende Überschrift eingefügt:

„KAPITEL VIB

BEKANNTMACHUNG VON ENTSCHEIDUNGEN".

23. Artikel 29 erhält folgende Fassung:

„*Artikel 29*

Bekanntmachung von Entscheidungen

(1) Die Mitgliedstaaten sehen vor, dass die zuständigen Behörden alle Entscheidungen über die wegen eines Verstoßes gegen diese Richtlinie verhängten Sanktionen und Maßnahmen unverzüglich bekanntmachen und dabei zumindest die Art und den Charakter des Verstoßes und die Identität der dafür verantwortlichen natürlichen oder juristischen Personen anführen.

Die zuständigen Behörden können jedoch — in einer dem nationalen Recht entsprechenden Art und Weise — in den folgenden Fällen die Bekanntmachung einer Entscheidung aufschieben oder den Beschluss in anonymisierter Form bekanntmachen:

a) wenn bei Verhängung der Sanktion gegen eine natürliche Person eine vorgeschriebene vorherige Bewertung der Verhältnismäßigkeit der öffentlichen Bekanntmachung ergibt, dass die öffentliche Bekanntmachung der personenbezogenen Daten unverhältnismäßig wäre;

b) wenn die Bekanntmachung die Stabilität des Finanzsystems oder eine laufende offizielle Ermittlung ernsthaft gefährden würde;

c) wenn die öffentliche Bekanntmachung den beteiligten Institutionen oder natürlichen Personen — sofern sich dies ermitteln lässt — einen unverhältnismäßigen und ernsthaften Schaden zufügen würde.

(2) Werden gegen die nach Absatz 1 bekanntgemachten Entscheidungen Rechtsmittel eingelegt, so ist die zuständige Behörde verpflichtet, diese Information entweder bei der Veröffentlichung in die Bekanntmachung aufzunehmen oder aber die Bekanntmachung zu ändern, wenn das Rechtsmittel nach deren ursprünglicher Veröffentlichung eingelegt wird."

24. Artikel 31 Absatz 2 erhält folgende Fassung:

„(2) Ergreifen die Mitgliedstaaten Maßnahmen nach Artikel 3 Absatz 1, Artikel 8 Absatz 2 oder 3 oder Artikel 30, so teilen sie diese der Kommission und den anderen Mitgliedstaaten sofort mit."

Artikel 2

Änderungen der Richtlinie 2003/71/EG

Artikel 2 Absatz 1 Buchstabe m Ziffer iii der Richtlinie 2003/71/EG erhält folgende Fassung:

„iii) für alle Drittstaatsemittenten von Wertpapieren, die nicht in Ziffer ii genannt sind, je nach Wahl des Emittenten, des Anbieters bzw. der die Zulassung beantragenden Person entweder den Mitgliedstaat, in dem die Wertpapiere erstmals nach dem Inkrafttreten der Richtlinie 2013/50/EU des Europäischen Parlaments und des Rates vom 22. Oktober 2013 zur Änderung der Richtlinie 2004/109/EG des Europäischen Parlaments und des Rates zur Harmonisierung der Transparenzanforderungen in Bezug auf Informationen über Emittenten, deren Wertpapiere zum Handel auf einem geregelten Markt zugelassen sind, der Richtlinie 2003/71/EG des Europäischen Parlaments und des Rates betreffend den Prospekt, der beim öffentlichen Angebot von Wertpapieren oder bei deren Zulassung zum Handel zu veröffentlichen ist, sowie der Richtlinie 2007/14/EG der Kommission mit Durchführungsbestimmungen zu bestimmten Vorschriften der Richtlinie 2004/109/EG (*) öffentlich angeboten werden sollen, oder den Mitgliedstaat, in dem der erste Antrag auf Zulassung zum Handel an einem geregelten Markt gestellt wird, vorbehaltlich einer späteren Wahl durch den Drittstaatsemittenten in den folgenden Fällen:

— wenn der Herkunftsmitgliedstaat nicht gemäß seiner Wahl bestimmt wurde oder

— gemäß Artikel 2 Absatz 1 Buchstabe i Ziffer iii der Richtlinie 2004/109/EG des Europäischen Parlaments und des Rates vom 15. Dezember 2004 zur Harmonisierung der Transparenzanforderungen in Bezug auf Informationen über Emittenten, deren Wertpapiere zum Handel auf einem geregelten Markt zugelassen sind (**);.

(*) ABl. L 294 vom 6.11.2013, S. 13.
(**) ABl. L 390 vom 31.12.2004, S. 38.“

Artikel 3

Änderungen der Richtlinie 2007/14/EG

Die Richtlinie 2007/14/EG wird wie folgt geändert:

1. Artikel 2 wird gestrichen.

2. In Artikel 11 werden die Absätze 1 und 2 gestrichen.

3. Artikel 16 wird gestrichen.

Artikel 4

Umsetzung

(1) Die Mitgliedstaaten setzen die Rechts- und Verwaltungsvorschriften in Kraft, die erforderlich sind, um dieser Richtlinie binnen 24 Monaten nach ihrem Inkrafttreten nachzukommen. Sie setzen die Kommission unverzüglich davon in Kenntnis.

Wenn die Mitgliedstaaten diese Vorschriften erlassen, nehmen sie in den Vorschriften selbst oder durch einen Hinweis bei der amtlichen Veröffentlichung auf diese Richtlinie Bezug. Die Mitgliedstaaten regeln die Einzelheiten der Bezugnahme.

(2) Die Mitgliedstaaten teilen der Kommission den Wortlaut der wichtigsten nationalen Rechtsvorschriften mit, die sie auf dem unter diese Richtlinie fallenden Gebiet erlassen.

Artikel 5

Überprüfung

Bis zum 27. November 2015 erstattet die Kommission dem Europäischen Parlament und dem Rat Bericht über die Anwendung der Richtlinie, einschließlich über ihre Auswirkungen auf kleine und mittlere Emittenten und die Anwendung von Sanktionen — insbesondere, ob diese wirksam, verhältnismäßig und abschreckend sind —, und überprüft das Funktionieren der Methode, die zur Berechnung der Anzahl der Stimmrechte in Bezug auf die in Artikel 13 Absatz 1a Unterabsatz 1 der Richtlinie 2004/109/EG genannten Finanzinstrumente gewählt wurde, und beurteilt die Wirksamkeit dieser Methode.

Der Bericht wird gegebenenfalls zusammen mit einem Gesetzgebungsvorschlag vorgelegt.

Artikel 6

Inkrafttreten

Diese Richtlinie tritt am zwanzigsten Tag nach ihrer Veröffentlichung im *Amtsblatt der Europäischen Union* in Kraft.

Artikel 7

Adressaten

Diese Richtlinie ist an die Mitgliedstaaten gerichtet.

Geschehen zu Straßburg am 22. Oktober 2013.

Im Namen des Europäischen Parlaments	*Im Namen des Rates*
Der Präsident	*Der Präsident*
M. SCHULZ	V. LEŠKEVIČIUS